Hopfen

HUMULUS LUPULUS

Wohltuendes aus der Natur

Inhalt

VORWORT

In meiner Heimatstadt Spalt wird schon seit über 1000 Jahren Hopfen angebaut. Bereits im Mittelalter war dieser eine begehrte Handelsware. Daran hat sich bis heute nichts geändert: Der Spalter Hopfen ist nach wie vor ein Begriff für besondere Güte – und das mittlerweile weltweit. Denn auch wenn die Zahl der Hopfenbauern im Spalter Hügelland auf eine Handvoll klein- bis mittelbäuerlicher Landwirtschaftsbetriebe zurückgegangen ist, eignen sich die hier angebauten feinen Hocharomasorten hervorragend zur Herstellung von Spitzenbieren. Die oberste Priorität der Familienbetriebe lautet daher: „Qualität vor Quantität". Die günstigen klimatischen Bedingungen und die besondere Bodenbeschaffenheit unserer Gegend tragen natürlich ebenfalls etwas dazu bei.

Auch meine Familie betrieb bis Ende 1978 Hopfenanbau. Als Kind war ich davon jedoch nicht sehr begeistert, da dieser sehr zeit- und arbeitsintensiv ist, sodass wir Geschwister sehr viel in der elterlichen Landwirtschaft mitarbeiten mussten und unsere Freizeit entsprechend begrenzt war. Doch zwischenzeitlich hat sich meine Beziehung zum Hopfen stark gewandelt. Die arzneiliche Wirkung und die kulinarischen Genüsse sind vorzüglich. Und auch für Dekorationen und als Schlafkissen kann ich Hopfen nur empfehlen. Ab und zu gönne ich mir zudem ein Glas Bier aus der Spalter Stadtbrauerei, der einzigen kommunalen Brauerei Deutschlands …

Steckbrief

Wissenschaftlicher Name:
Humulus lupulus

Andere Namen:
Hoppen, Hopf, Hecken-Hopfen, Weiden-Hopfen, *Hops* (engl.), *Houblon* (franz.)

Familie:
Hanfgewächse *(Cannabaceae)*

Verwendete Pflanzenteile:
junge Triebe, Hopfenzapfen (Dolden)

Verwechslungsgefahr:
Eine Verwechslungsgefahr besteht mit wildem Wein, dessen Blätter im Gegensatz zum Hopfen nicht rauhaarig und kratzig sind. Wilder Wein hält sich auch mit Ranken an anderen Pflanzen fest.

Sammelzeit:
Die unterirdischen Keimlinge und die jungen Triebe werden von März bis Juni geerntet, die Hopfenzapfen im Spätsommer, Ende August bis Anfang September.

Die wichtigsten Inhaltsstoffe:

ätherisches Öl, Bitterstoffe (Humulon, Lupulon), Harze, Flavonoide, Gerbstoffe, Phytoöstrogen. Weitere Inhaltsstoffe sind Vitamin C und Mineralstoffe.

Medizinische Anwendung/Volksmedizin:

Hopfen, die Arzneipflanze des Jahres 2007, ist wissenschaftlich durch die Kommission E als pflanzliches Arzneimittel bei Unruhe- und Angstzuständen sowie bei Schlaflosigkeit anerkannt. In der Homöopathie wird er vor allem bei stressbedingten Magenschmerzen, bei Angstzuständen und Appetitlosigkeit eingesetzt. In der Volksheilkunde verwendet man ihn bei nervösen Magen-Darm-Beschwerden, Appetitlosigkeit, bei Blasen- und Nierenleiden, bei Menstruationsbeschwerden und in den Wechseljahren. Zudem ist Hopfen ein Anaphrodisiakum für Männer, das den Geschlechtstrieb dämpft.

Seelische Bedeutung:
Leicht und schwerelos strebt der Hopfen dem Licht zu. Dieses Gefühl vermittelt er auch den Menschen. Er verbreitet Freude, Heiterkeit und Fröhlichkeit. Hopfen nimmt die Schwerfälligkeit und die Belastungen des Alltags. Er löst und entkrampft und schenkt den Menschen nachts einen tiefen und ruhigen Schlaf. Die frische Hopfendolde, die fein, zart und doch kompakt ist, fördert Geborgenheit und Sinnlichkeit. Die energetische Wirkung ist nach innen gerichtet und bündelt die Kräfte. Die Rechtswindung (siehe Seite 15) vertieft sein mütterliches und symbiotisches Wesen.

Erstmals geschichtlich erwähnt wurde der Hopfen, „*humolariae*“ genannt, in einer Schenkungsurkunde Pipins aus dem Jahre 768. Wirtschaftliche Bedeutung erreichte er – wie eingangs bereits erwähnt – aber erst im Mittelalter. Denn auch wenn die Kunst des Bierbrauens schätzungsweise bereits 5000 Jahre alt ist, wurde der Hopfen,

der dem schäumenden Getränk seine herb-bittere Note verleiht, erst zu einem viel späteren Zeitpunkt dafür verwendet. „Hopfen und Malz, Gott erhalt's" – diesen Spruch, der viele Brauereien ziert, kennt wohl jeder und weiß, dass Bier erst durch Hopfen die richtige Würze bekommt. Verarbeitete man die zu allen Zeiten wertvollen Zutaten nicht sorgfältig, entstand saures Bier. Dann waren „Hopfen und Malz verloren". Dieses Sprichwort hat sich bis in die heutige Zeit erhalten und wird oft im übertragenen Sinne gebraucht. Die besten Bierbrauer waren die Mönche in den Klöstern. Vielleicht wurde gehopftes Bier, das den männlichen Sexualtrieb dämpft, aus diesem Grund von den Mönchen gebraut. Wer weiß …

Auf alle Fälle gibt Hopfen dem Bier die Würze und dem Menschen die Ruhe, denn auch als Magenbitter und Einschlafhilfe genießt er einen hervorragenden Ruf.

Die jungen Hopfensprossen dagegen regen an, zumindest die Magendrüsen; sie wurden vor 2000 Jahren von Plinius dem Älteren als „Leckerbissen rein der Lust wegen“ empfohlen. Auch der Leibarzt von Kaiser Ferdinand I., Matthiolus, schreibt 1563 (wenn auch etwas zweideutig): „Im Frühling lassen die Lekmeuler die jungen hopfenspargen zum salat bereyten und halten das für eine gutte speiss der verstopfften lebern."

Ob der Hopfen wegen seiner lustdämpfenden Wirkung „Mönchsriemen" genannt wurde oder weil die langen Reben, aus denen man auch versucht hat, Fasern herzustellen, zum Zusammenbinden der Mönchskutten verwendet wurden, bleibt ein Geheimnis!

1406 gründete Johann Ohnefurcht, Graf von Flandern und Herzog von Burgund, den Hopfenorden, auf dessen Wappenschild die Wirkung des Rankgewächses trefflich beschrieben wird: „Wild durch Mild gezähmt". Schon damals machte also der Hopfen kriegerische Kampfhähne ruhig und besonnen. Der Legende nach hieß Johann auch Gambrivius. Er soll das historische Vorbild für die Figur des Schutzheiligen des Bieres (Gambrinus) gewesen sein und das gehopfte Malzbier erfunden haben.

VORKOMMEN

Wild ist der Hopfen hauptsächlich in Auenwäldern und Flussniederungen zu finden. Er wächst in feuchten Hecken, Gebüschen und rankt gern an Zäunen hoch. Überall, wo er sich festhalten kann, wächst die Schlingpflanze von der Ebene bis in Höhen von 800 Meter. Ursprünglich stammt sie aus Südeuropa und Westasien. Heute findet man den Hopfen darüber hinaus auch in West- und Mitteleuropa sowie in Nordamerika.

ECHTER HOPFEN

Für die kommerzielle Nutzung werden ausschließlich weibliche Pflanzen in Kulturen angebaut. Dabei macht sich seit einigen Jahren ein neuer Trend breit: Immer häufiger züchtet man seit Mitte des 20. Jahrhunderts – zunächst nur in den USA – neue Sorten, die statt des bekannten bitteren Geschmacks fruchtige Aromen aufweisen. Diese werden haupt sächlich für die Bierherstellung verwendet, wobei die neuen Geschmacksrichtungen vor allem bei jungen Biertrinkern immer beliebter werden. „Wohl bekomm's!"

Für Ihr Zuhause sind im Handel verschiedene Hopfenpflanzen erhältlich. Der mehrjährige echte Hopfen *(Humulus lupulus)* kann im Garten oder in einem großen Kübel auf dem Balkon gepflanzt werden. Er benötigt feuchte und nährstoffreiche Erde. Der Standort sollte sonnig bis halbschattig sein. Die Ende August geernteten Blüten können für Tee

Japanischer Hopfen

Beloperone

und Kräuterkissen verwendet werden. Auch der **einjährige Japanische Hopfen** wird wegen seines dichten, grünen und dekorativen Laubs gern im heimischen Garten gepflanzt. Als Zimmerpflanze kennt man **Beloperone** oder ***Justicia brandegeana***, deren Blüten den Hopfenblüten ähneln. Sie sind jedoch nicht mit dem echten Hopfen verwandt. Sie gehören zur Familie der Bärenklaugewächse.

Beschreibung

Der Hopfen ist eine baumhoch rankende, mehrjährige und zweihäusige Pflanze. Das heißt, es gibt männliche und weibliche Pflanzen, wobei zum Bierbrauen und als Heilpflanze nur die unbefruchteten Dolden (Zapfen) der weiblichen Pflanze verwendet werden.

Im zeitigen Frühjahr treiben aus dem verzweigten, fleischigen Rhizom die jungen Hopfensprossen aus dem Boden und streben schnell dem Licht entgegen. Dabei rankt der Hopfen rechtswindend an allem, was er mit seinen Widerhäkchen erreicht, in rasanter Geschwindigkeit in die Höhe – in der Wachstumsphase strecken sich die Ranken täglich um bis zu 30 cm. In Kulturen wird die Pflanze zwischen 8 und 12 m hoch, während der wilde Hopfen normalerweise eine Höhe von 6 m erreicht.

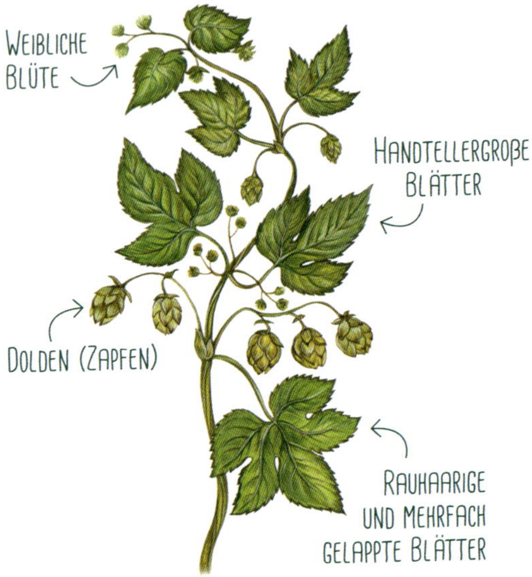

Jede Pflanze treibt bis zu 200 Triebe aus. Für die Kultivierung werden allerdings nur 3 bis 5 kräftige Triebe benötigt. Die handtellergroßen Blätter sind rauhaarig und drei- bis siebenfach gelappt. Haben die Triebe ihre Länge Ende Juni erreicht, entfalten sich die Blüten.

Männliche Blüte

Weibliche Blüte

Die männlichen Blüten (nur bei wilden Pflanzen) sind klein, zahlreich und hängen in Trauben. Die weiblichen Blüten zeigen sich Ende Juli dichtblütig und reich verzweigt in kleinen gelblich-grünen Scheinähren. Unter den dachziegelartig angeordneten, trockenhäutigen Deckblättern der Hopfendolden reift auf kleinen Drüsenkörpern das goldgelbe Drüsenmehl, der eigentliche harzig-bittere Wirkstoff. Beim Hopfen spricht man oft auch vom „Grünen Gold".

Sammeln und Aufbewahren

Sobald die kalten Tage vorbei sind, kann man den Hopfenwurzelstock freiräumen und die weißen unterirdischen Keimlinge ernten. Die jungen Sprossen schmecken besonders von Anfang Mai bis Mitte Juni und können vielseitig verwendet werden. Sobald sie eine Größe von 3 bis 5 cm erreicht haben, werden sie mit einem Messer geschnitten und frisch verarbeitet.

Die weiblichen Blütenstände werden im August gesammelt und an einem luftigen sowie schattigen Ort getrocknet. Tägliches Wenden beschleunigt die Trocknung. Hopfen kann zudem in einem Trocknungsgerät oder in der Backröhre (die Tür einen Spaltbreit geöffnet) getrocknet werden. Die Trocknungstemperatur sollte jedoch 40 °C nicht überschreiten, damit die wertvollen ätherischen Öle erhalten bleiben. Auch die Farbe sollte sich möglichst nicht verändern. Eine bräunliche bis rötliche Verfärbung deutet auf eine Qualitätsminderung hin. Getrocknet und gut verschlossen aufbewahren, nicht länger als ein bis zwei Jahre lagern und verwenden.

Der kulturmäßig angebaute Hopfen wird Mitte August bis Anfang September geerntet und elektrisch bei 70 bis 80 °C getrocknet.

VERWENDUNGSMÖGLICHKEITEN

Die grünen Dolden aus dem Kulturanbau werden für die Bierherstellung, für Arzneimittel und für Naturkosmetik verwendet. Wegen der straffenden Wirkung wird Hopfen gern für Umschläge, Bäder und Cremes eingesetzt.

Die Ernte aus dem heimischen Garten oder Wildwuchs wird in der Küche wohldosiert für Öl, Essig, Gelee, Bitterlikör, Tee,

Sirup und Senf verwendet. Zudem sind die unterirdischen weißen Triebe selbst für verwöhnte Gaumen eine Delikatesse! Aber auch die jungen Sprossen sind bis Ende Mai/Mitte Juni verwendbar und schmecken ähnlich wie grüner Spargel. Danach werden sie hart, zäh und faserig.

DOLDEN MIT LUPULIN

Das Lupulin (das feine, gelbe Pulver in den getrockneten Dolden) hat einen angenehm würzigen, ganz speziellen Duft und eignet sich hervorragend für Räucherungen zum Entspannen, Beruhigen sowie zur Schlafförderung (wozu sich auch Hopfenkissen bewährt haben, siehe Seite 30). Traditionell wird der getrocknete Hopfen in Säckchen oder Strümpfe gefüllt und in Wäscheschränke gelegt, wo er Feuchtigkeit verhindert und Motten vertreibt.

Im 13. Jahrhundert berichtete der berühmte Arzt Ibn al-Baytar (1197–1248) aus dem persisch-arabischen Raum treffend über die Heilwirkung der Hopfenzapfen: „[…] verdauungsfördernd, beruhigend und die Erregung dämpfend“.

Hildegard von Bingen (1098–1179) rühmte die beruhigende und schlaffördernde Wirkung des Heilkrautes. Sie betonte aber auch, dass Hopfen die Eingeweide beschwere und die Menschen traurig mache.

Hieronymus Bock (1498–1554) und der bereits zitierte Matthiolus (um 1500–1577) verwiesen ebenfalls auf die schlaffördernden Eigenschaften des Hopfens.

Zur „äußerlichen Anwendung“ bei Flechten und Unreinheiten der Haut verabreichte Tabernaemontanus (um 1525–1590) Hopfensaft. Aus dem gelben Pulver der Zapfen, Hopfenmehl (Lupolin) genannt, stellte er

eine Salbe her, die schmerzstillend und antiseptisch wirkt.

Die Volksheilkunde empfiehlt Hopfen bei Nervosität, Schlafstörungen, Unruhezuständen, Herzbeschwerden, Kreislaufstörungen, Blasen- und Harnwegserkrankungen, Menstruationsbeschwerden sowie Nieren- und Gallensteinen. Ideal ist das Mischen mit anderen Kräutern.

Nebenwirkungen und Gegenanzeigen

Bei der Ernte der frischen Hopfendolden kann es in seltenen Fällen zu Hautallergien kommen. Ebenso kennt man die sogenannte „Hopfenpflückerkrankheit“, die sich durch Schläfrigkeit und Kopfschmerzen bemerkbar macht. Beim getrockneten Hopfen sind keine Nebenwirkungen und Gegenanzeigen bekannt! Während der Schwangerschaft und Stillzeit ist jedoch die Absprache mit einem Arzt trotzdem ratsam.

Bei Altersbeschwerden mischt man ihn mit Weißdorn, Baldrian, Mistel oder Knoblauch, in einem Blutreinigungstee mit Brennnessel, Löwenzahn, Birke oder Gundermann.

Hopfentee

Damit dieser Tee seine Wirkung entfaltet, sind 2 Tassen pro Tag ausreichend. Als Kur sollte er maximal 6 Wochen getrunken werden, auf die eine 6-wöchige Pause folgt.

Zubereitung:

1. 2 TL Zapfen mit 250 ml kochendem Wasser aufgießen.
2. Den Aufguss 10 Minuten ziehen lassen und abseihen.

Gut zu wissen

Die Zubereitung in Wein oder einem Wein-Wasser-Gemisch verstärkt die schlaffördernde Wirkung des Hopfens.

Hopfentinktur

Bei Ein- und Durchschlafproblemen nehmen Sie 1 TL dieser Tinktur vor dem Schlafengehen.

Zubereitung:

1. 2 EL Hopfen in ein geeignetes Gefäß füllen und mit 100 ml hochprozentigem Kornschnaps/Obstbrand übergießen.
2. 10 Tage in der Sonne ziehen lassen, regelmäßig schütteln.

„LIEBESTRANK"

Jeweils 1 Gläschen Hopfenwasser vermischt mit 1 TL Honig zu trinken, wirkt aphrodisierend!

Zubereitung:

1. Etwa 3 gehäufte TL Hopfendolden mit 500 ml kochendem Wasser überbrühen.
2. 15 Minuten ziehen lassen und abseihen.

GUT ZU WISSEN

Honig und Hopfen besitzen diesbezüglich einander unterstützende Inhaltsstoffe.

Hopfenbad

Die Volksheilkunde empfiehlt nach einem langen Tag, wenn alle Knochen wehtun, man aber trotzdem nicht einschlafen kann, ein entspannendes Hopfenbad.

Zubereitung:

1. 2 EL Hopfen auf 750 ml kaltes Wasser geben, 15 Minuten abgedeckt köcheln lassen.
2. Einen Teil trinken, den Rest zum Badewasser geben.

Hopfenumschläge

Diese altbewährte Anwendung fördert die Heilung bei Geschwüren, Wunden und Quetschungen. Bei großflächigen beziehungsweise tiefen Wunden sollte aber auf jeden Fall auch ein Arzt konsultiert werden.

Zubereitung:

1. 2 EL Hopfen auf 500 ml kaltes Wasser geben, 15 Minuten köcheln und anschließend etwas abkühlen lassen.
2. Ein Tuch (möglichst aus naturbelassenem Stoff) mit dem lauwarmen Sud befeuchten, auf die gewünschte Körperstelle auflegen und gegebenenfalls fixieren.
3. Solange es angenehm ist, auf der Haut belassen.

Hopfenkissen

Im Jahre 1787 hielt das Hopfenkissen sogar Einzug in königliche Schlafzimmer: König Karl III. von England wollte keine Nacht auf sein Hopfenkissen verzichten, das ihn ruhig einschlafen ließ. Zur Herstellung einfach getrocknete Hopfenzapfen in ein Kissen (oder alternativ ein Säckchen) füllen.

Hopfen für die Schönheit

Bereits in der Antike wurde der Hopfen als Schönheitsmittel hoch geschätzt. Seine Inhaltsstoffe stärken, straffen und festigen die Haut, während seine entzündungshemmenden Eigenschaften dafür sorgen, dass sich gereizte Haut schnell erholt. Erwähnenswert ist an dieser Stelle zudem die antioxidative Wirkung des Hopfens. Darüber hinaus wird er auch vermehrt bei Haarpflegeprodukten eingesetzt. Sie beruhigen die Kopfhaut und verleihen dem Haar mehr Fülle und Festigkeit.

Allerdings wird davon abgeraten, frischen Hopfen zur Pflege von Haut und Haaren zu verwenden, da es mitunter zu allergischen Reaktionen kommen kann (siehe Seite 24).

Hopfentee als Haarwuchs- und Haarstärkungsmittel

Laut Signaturenlehre gilt Hopfen auch als Haarwuchsmittel. Die haarigen Stängel und Blätter deuten auf eine haarwuchsfördernde Wirkung hin. Bei lichter werdendem Haar, aber auch bei gereizter Kopfhaut sowie zur Stärkung der (noch) vorhandenen Haare empfiehlt sich daher die Anwendung von starkem Hopfentee (siehe Seite 25).

Hopfensalbe

Die straffende Wirkung dieser Creme verleiht den Gesichtskonturen Festigkeit und ist ein wirksames Mittel, um Falten zu mildern.

Zubereitung:

1. Die Hopfenblüten mit 100 ml Olivenöl vorsichtig erwärmen. 10 Minuten ziehen lassen, dann über Nacht stehen lassen.
2. Anschließend nochmals erwärmen, abseihen und auspressen. 10 g Bienenwachs (aus der Apotheke) zugeben und unter Rühren schmelzen.
3. Die Salbe in kleine Töpfchen abfüllen. Nach dem Erkalten verschließen.

Hopfen in der Küche

Wenn es um das leibliche Wohl geht, kennen die meisten den Hopfen als Hauptzutat für das Bierbrauen. Dass er jedoch inzwischen auch seinen Platz in der Kräuterküche gefunden hat und man mit ihm höchst genussvolle Gerichte zubereiten kann, wissen hingegen nur wenige. Lassen Sie sich daher von den folgenden Rezepten inspirieren und probieren Sie sie einfach einmal aus.

Hopfenaperitif

Ein genussvoller Auftakt für ein wohlschmeckendes Essen. Übrigens: Mit zunehmendem Alter wird dieser Aperitif immer edler.

Zutaten:

1 Handvoll Hopfendolden (oder -zapfen)
2 EL brauner Kandiszucker (nach Belieben)
750 ml Sherry

Zubereitung:

1. Den Hopfen in eine Flasche geben, den Kandiszucker zufügen und mit dem Sherry auffüllen.
2. 2 bis 3 Wochen an einem warmen Ort ziehen lassen, ab und zu schütteln.
3. Anschließend abseihen und einige Wochen nachreifen lassen.

Hopfen-Senf

Zutaten:

100 g gemahlener gelber Senf
50 g gemahlener schwarzer Senf
2 Triebspitzen Basilikum
1 TL frisch geriebener Ingwer
5 frische Hopfendolden (fein geschnitten) oder 10 getrocknete (pulverisiert)
60 g Rohrohrzucker
10 g Salz
1 Prise Cayennepfeffer
150 ml weißer Balsamico
100 ml trockener Weißwein

Zubereitung:

1. Die Senfmehle mischen, das fein geschnittene Basilikum, den geriebenen Ingwer, den Hopfen sowie die Gewürze dazugeben.
2. Den Essig und den Wein untermischen und mindestens 10 Minuten weiterrühren.

3. Den Senf in ein Schraubglas füllen und mindestens 3 Wochen reifen lassen, dabei ab und zu umrühren sowie gegebenenfalls Wasser (Wein, Saft oder Bier) zufügen. Die Haltbarkeit beträgt ca. 1 Jahr.

Quiche mit Hopfensprossen

Zutaten:

Für den Teig:

250 g Dinkelmehl (Type 630)
125 g Butter
1 Prise Salz
3 EL kaltes Wasser
1 Ei

Für den Belag:

200 g junge Hopfensprossen (verlesen und gründlich gewaschen)
4 Eier
200 ml süße Sahne
125 g geriebener Gouda
Salz, frisch gemahlener Pfeffer, etwas Muskat

Zubereitung:

1. Aus den Zutaten rasch einen Mürbeteig herstellen, 30 Minuten ruhen lassen und kühl stellen.

2. Den Teig zwischen Klarsichtfolien auf Formgröße ausrollen, einen kleinen Rand formen und mit der Gabel mehrfach einstechen.
3. Die Hopfensprossen 2 bis 3 Minuten blanchieren, mit kaltem Wasser abschrecken und eventuell klein schneiden.
4. Die Eier verquirlen. Die Sahne sowie den fein geriebenen Gouda unterrühren, mit Salz, Pfeffer und Muskat abschmecken.
5. Die Hopfensprossen auf dem Teigboden verteilen, den Guss darübergeben und bei 180 °C ca. 25 Minuten backen.
6. Die fertige Quiche kurz ruhen lassen, in Stücke teilen und genießen.

Frühlingssalat mit Hopfensprossen

Zutaten:

Für den Salat:

3 Handvoll Rucola, Löwenzahn, Giersch (kleine, junge Blättchen)
100 g Hopfensprossen (verlesen und gründlich gewaschen)
Frühlingsblüten (Gänseblümchen, Gundermann, Knoblauchrauke, Löwenzahn)

Für das Dressing:
8 EL dunkler Balsamico-Essig
5 EL Öl
3 EL Apfelsaft
1 TL Hopfensalz, Meersalz
Löwenzahnsirup
(Honig, Zucker)
1 TL scharfer Senf
3 EL süße Sahne
1 fein gehackte Knoblauchzehe

Zubereitung:

1. Die Hopfensprossen 2 bis 3 Minuten im Salzwasser blanchieren, kalt abschrecken.
2. Den Rucola, den Löwenzahn sowie den Giersch mit dem Dressing mischen und kurz ziehen lassen.
3. Den Salat auf Tellern anrichten, die Hopfensprossen darüber verteilen und mit den Blüten garnieren.

Schaumsüppchen mit Hopfentrieben

Zutaten für 4 Personen:

2 Handvoll junge Hopfentriebe (Mai bis Mitte Juni; gegebenenfalls Blätter entfernen)
3 gestr. EL Mehl
30 g Butter
1 l Gemüsebrühe
1 Kartoffel
etwas Weißwein
Salz, Zucker, Cayennepfeffer, Muskat
200 ml süße Sahne
Wildkräuterblüten (Gundermann, Gänseblümchen, Knoblauchrauke)

Zubereitung:

1. Die Hopfentriebe verlesen und gründlich waschen, in 2 cm lange Stücke schneiden, kurz in Salzwasser blanchieren, abseihen, kalt abschrecken und beiseitestellen.

2. Das Mehl in der Butter anschwitzen, mit der Gemüsebrühe ablöschen und unter Rühren aufkochen.
3. Die Kartoffel schälen, fein in die Suppe reiben und kurz köcheln lassen.
4. Die Suppe mit Weißwein sowie Gewürzen abschmecken. Dann die Sahne halb steif schlagen und unterziehen, nicht mehr kochen.
5. Die Hopfentriebe zugeben, einige zur Garnitur zurückbehalten.
6. Die Suppe in Suppenteller füllen, mit den restlichen Hopfentrieben und Wildkräuterblüten garnieren.

Nudeln mit Hopfensprossen

Zutaten für 4 Personen:

400 g Nudeln (pro Person 100 g Nudeln)
2 bis 3 Handvoll Hopfentriebe (verlesen und gründlich gewaschen)
4 EL Olivenöl
20 g gehackte Pinienkerne, Mandeln oder Pistazien
etwas gehackte Petersilie
Salz
frisch gemahlener Pfeffer
etwas Muskatnuss
30 g geriebener Hartkäse
25 g Hartkäsespäne

Zubereitung:

1. Die Nudeln in reichlich Salzwasser al dente kochen, mit dem Schaumlöffel aus dem Wasser heben.
2. Die Hopfensprossen im Nudelwasser 2 Minuten blanchieren, abgießen und abtropfen lassen.

3. Nun die Sprossen im Olivenöl kurz braten, die Pinienkerne zugeben und ebenfalls leicht im Öl rösten.
4. Danach die Nudeln, Petersilie sowie Gewürze zugeben, alles gut vermischen, warm werden lassen und abschmecken.
5. Zuletzt den geriebenen Käse untermischen und mit den Hartkäsespänen garniert servieren.

Orangenschichtspeise mit Hopfensherry

Zutaten für 6 Personen:

50 g Mandelstifte
2 EL Rohrohrzucker oder Löwenzahnsirup
500 g Quark (40 %)
200 g Crème fraîche
5 EL brauner Zucker
Saft von ½ Zitrone
Mark von ½ Vanilleschote
200 ml süße Sahne
3 unbehandelte Orangen
1 EL Rohrohrzucker
2 EL Hopfensherry oder Hopfenlikör

Zubereitung:

1. Die Mandelstifte im Rohrohrzucker oder im Löwenzahnsirup vorsichtig karamellisieren.
2. Den Quark, die Creme fraîche, den braunen Zucker, den Zitronensaft und das Vanillemark mit dem Rührgerät

aufschlagen, bis der Zucker aufgelöst ist, etwas Orangenschale dazu reiben.

3. Die Sahne steif schlagen und unterheben.
4. Die Orangen schälen, die weiße Haut entfernen und die einzelnen Fruchtstücke filetieren, mit Rohrohrzucker und Likör marinieren.
5. Den Rand der Dessertgläser mit Wasser befeuchten und in Zucker tauchen. Abwechselnd die Quarkcreme und die Orangenfilets in die Gläser füllen. Mit Mandelstiften und Orangenfilets oder Mandarinenspalten garnieren.

Hopfen-Sirup

Mit Mineralwasser vermischt ist der Hopfen-Sirup besonders erfrischend an heißen Sommertagen und als Limonade eine hervorragende alkoholfreie Alternative zu Bier. Den Sirup kühl und dunkel aufbewahren.

Zutaten:

1 l Wasser
1 Handvoll frische Hopfendolden (alternativ 3 EL getrocknete Hopfendolden)
2 EL Hibiskusblüten
500 g Zucker
3 Zitronen

Zubereitung:

1. Das Wasser zum Kochen bringen.
2. Den Hopfen, die Hibiskusblüten und den Zucker hinzufügen, unter Rühren aufkochen lassen, bis sich der Zucker aufgelöst hat.

3. Die Zitronen auspressen und den Saft zum Sirup geben, über Nacht zugedeckt ziehen lassen. Nun den Sirup abseihen und zum Kochen bringen.
4. Saubere Flaschen in der Backröhre auf 100 °C erhitzen. Den heißen Sirup sofort in die Flaschen füllen und fest verschließen.

Hopfen-Minze-Aperitif

Zutaten:

1 Stück Ingwer (daumengroß)
1 unbehandelte Zitrone
1 Handvoll Hopfensprossen (oder Dolden)
1 Zweig Minze
500 ml Wasser
1 l Apfelsaft
2 EL brauner Zucker

Zubereitung:

1. Den Ingwer und die Zitrone in Scheiben schneiden. Zusammen mit dem Hopfen und der Minze im Wasser aufkochen, 15 Minuten leicht köcheln lassen.
2. Den Apfelsaft zugeben. Anschließend den Zucker einrühren, bis er sich aufgelöst hat. Abkühlen lassen, abseihen und kalt stellen.
3. Mit Minze und Zitrone garniert eiskalt servieren.

Hopfenbitter „Magenfreund"

Ein Likörglas, eine halbe Stunde vor dem Essen getrunken, fördert die Verdauung.

Zutaten:

1 Handvoll Hopfenzapfen
750 ml Wodka

Zubereitung:

1. Den Hopfen in eine Flasche geben und mit dem Wodka übergießen.
2. 1 bis 2 Monate an einem warmen Ort ziehen lassen.
3. Den Hopfenbitter abseihen und weitere 2 bis 3 Monate im Keller nachreifen lassen.

Bierlikör

Zutaten:
1 l Bier nach Belieben
500 g Zucker
1 Vanilleschote
etwas Zimt
2 EL Zitronensaft
500 ml Alkohol (mindestens 65%, z.B. verdünnter Weingeist oder Obstbrand)

Zubereitung:

1. Das Bier mit dem Zucker und den Gewürzen (die Vanilleschote der Länge nach aufschlitzen) in einen Topf geben und zum Kochen bringen, zugedeckt 10 Minuten leicht köcheln lassen.
2. Über Nacht abkühlen lassen. Die Vanilleschote herausnehmen, den Alkohol zufügen und alles gut verrühren.
3. In dekorative Flaschen abfüllen und gut verschlossen 3 Monate dunkel sowie kühl reifen lassen.

Hopfenlikör

Zutaten:

½ unbehandelte Zitrone
1 Handvoll Hopfendolden
1 EL Kandiszucker
1 Stück Vanilleschote
100 g Kandiszucker
750 ml Wodka

Zubereitung:

1. Die Zitrone in Scheiben schneiden und zusammen mit dem Hopfen und den Gewürzen in ein großes Glas geben.
2. Mit dem Wodka auffüllen und ca. 4 Wochen ziehen lassen. Darauf achten, dass der Hopfen nicht an der Oberfläche schwimmt (Schimmelgefahr). Anfänglich täglich umrühren.
3. Danach abseihen und im Keller nachreifen lassen – je länger, desto besser wird der Likör.

Wintertraum nach Art von Hildegard von Bingen

Dieser Wintertraum wird bei Zimmertemperatur genossen. Er wärmt und stärkt von innen!

Zutaten:

1 Flasche dunkles Edel-Export-Bier
150 g Rohrohrzucker
2–3 cm Ingwerwurzel
½ unbehandelte Orange (alternativ Zitrone oder Limette)
¼ Zimtstange
2 Nelken
1 kleine getrocknete Chilischote
500 ml Weinbrand
50 ml Weingeist (96%)

Zubereitung:

1. Das Bier, den Rohrzucker, den Ingwer, die Orangenschale sowie die Gewürze in einen Topf geben und zum Kochen bringen. Zugedeckt 5 bis 10 Minuten köcheln.
2. Abkühlen lassen, dann den Alkohol zugeben, gut verrühren und abseihen.
3. In dekorative Flaschen abfüllen und im Keller nachreifen lassen.

Hopfen-Rosen-Aphrodisiakum

Bei Kerzenlicht und leiser, romantischer Musik sorgt das Hopfen-Rosengetränk für eine stimmungsvolle Atmosphäre.

Zutaten:
500 ml Wasser
10 frische Hopfendolden
½ unbehandelte Zitrone (Saft und Schale)
2 Duftrosenblüten
Waldhonig zum Süßen

Anregend oder Dämpfend

Die östrogenhaltigen Inhaltsstoffe des Hopfens wirken beim Mann eher dämpfend. Wissenschaftlich erwiesen ist jedoch, dass diese Inhaltsstoffe die weibliche Sexualität stimulieren – insbesondere in Verbindung mit der Rose, die auf beide Geschlechter stimulierend wirkt.

Zubereitung:

1. Das Wasser zum Kochen bringen.
2. Den Hopfen, die abgeriebene Zitronenschale und die Rosenblütenblätter mit dem kochenden Wasser übergießen, 10 Minuten ziehen lassen.
3. Die Zitrone auspressen, den Saft zum Aufguss geben und diesen abseihen.
4. In dekorativen Gläsern servieren, nach Belieben süßen.

Hopfensalz

Das Hopfensalz verleiht Ihren Gerichten ein leicht herbes Aroma von besonderer Tiefe. Es passt hervorragend zu Hausmannskost und herbstlichen Blattsalaten.

Zutaten:
10 g frische Hopfendolden
100 g Ursteinsalz

Zubereitung:

1. Die Hopfendolden fein schneiden oder mörsern.
2. Salz und Hopfen gut miteinander mischen.
3. Das Hopfensalz auf Backpapier schütten und an der Luft oder bei maximal 40 °C im Backofen oder Dörrgerät trocken.
4. In Schraubgläser abfüllen, kühl und dunkel lagern.

HOPFENESSIG

Der Hopfenessig harmoniert wunderbar mit Blattsalaten aller Art.

Zutaten:

1 Handvoll Hopfendolden
1 Stück brauner Kandiszucker
3 schwarze Pfefferkörner
1 Flasche Weißweinessig

Zubereitung:

1. Die Hopfendolden sowie die Gewürze in ein weites Gefäß geben.
2. Mit hochwertigem Weißweinessig auffüllen und 2 Wochen ziehen lassen.
3. Danach abseihen und in eine Flasche füllen.
4. Den Hopfenessig kühl und dunkel gelagert einige Zeit nachreifen lassen.

Spalter Hopfenschmalz (vegan)

Das Schmalz schmeckt besonders gut zu einem kräftigen Bauernbrot.

Zutaten:
100 g Kokosfett
40 ml Sonnenblumenöl
1 TL Hopfen (frisch oder gefrostet)
2 EL Röstzwiebeln
Salz, Pfeffer

Tipp

Die Dolden des Hopfens lassen sich auch sehr gut einfrieren.

Zubereitung:

1. Das Kokosfett mit dem Öl in einem Topf erhitzen.
2. Den Hopfen sehr fein schneiden, in das heiße, nicht siedende Fett geben und kurz ziehen lassen.
3. Die Röstzwiebeln zugeben. Nach Geschmack können auch noch Sonnenblumenkerne hinzugefügt werden.
4. Den Topf vom Herd nehmen, das Schmalz abkühlen lassen, mit Salz und Pfeffer würzen. Dabei gelegentlich umrühren, damit sich die Zwiebeln und der Hopfen nicht am Boden absetzen. Das fertige Schmalz hält im Kühlschrank ca. 3 Monate.

Spalter Obatzter mit Hopfen

Zusammen mit einem kühlen Bier und kräftigem Bauernbrot erhalten Sie eine deftige Brotzeit.

Zutaten:

½ Zwiebel
1 TL Hopfendolden (frisch oder gefrostet)
200 g Camembert (Weichkäse)
30 g Butter
1 EL süße Sahne
30 ml Bier
etwas Zitronenabrieb und
 1 TL Zitronensaft
Paprika edelsüß
Kümmel
Salz
Pfeffer
Schnittlauch

Zubereitung:

1. Die Zwiebel abziehen und fein würfeln, den Hopfen sehr fein schneiden.
2. Den weichen Camembert und die Butter schaumig rühren.
3. Die Sahne und das Bier hinzufügen, sodass eine nicht zu flüssige Creme entsteht.
4. Die Zwiebelwürfelchen und den fein gehackten Hopfen unterrühren.
5. Mit Zitronenabrieb und -saft sowie den Gewürzen abschmecken und mit Schnittlauch bestreuen.

Genehmigte Lizenzausgabe
tosa GmbH
Industriestraße 19
64407 Fränkisch-Crumbach 2022
www.tosa-verlag.de

Idee und Projektleitung: Sonja Sammüller
Layout, Satz und Umschlaggestaltung:
design cat GmbH

ISBN 978-3-86313-086-2

Druck und Bindung in der EU
POLYGRAF PRINT spol. s r. o.
Čapajevova 44
08001 Prešov, Slowakei
www.polygrafprint.sk

Bildnachweis:
Shutterstock: 5PH 12; Africa Studio 47; Aisedora 31; Anna L. e Marina Durante 16; arigato 24, 25, 27, 57, 61; bonchan 21; Chamille White 34; Creative Family 37; dancar 30; Dark Egg 14; Dn Br 2–63; fotoknips 40; gresei 59; Heike Rau 33; Henri Koskinen 17; hsagencia 41; Ildi Papp 45; Iuliia Kudrina 49; James Jiao 56; Johanna Muehlbauer 43; johavel 24; John Navajo 20; Julia Lopatina 18; Kishivan 2; Lazhko Svetlana 53; lokisurina 58; MADDRAT 2–64; Madeleine Steinbach 25; MaraZe 19; MariaKovaleva 39; Nataliia Melnychuk 6; New Africa 28; New Africa 50; nnattalli 4; Olga Popova 17; Oxik 26; Photo_ Pix 23; photocrew1 60; Pongsak14 14; Prostock-studio 52; REDMASON 10; shutter_o 29; StefanRenner 62; stockcreations 35; Stone36 7; Stone36 8; Svittlana 54; teatian 27; teatian 32; teatian 51; Vaclav Mach Cover, 1; Victoria P. 63; Walnut Bird Cover, 2–63